AF611179

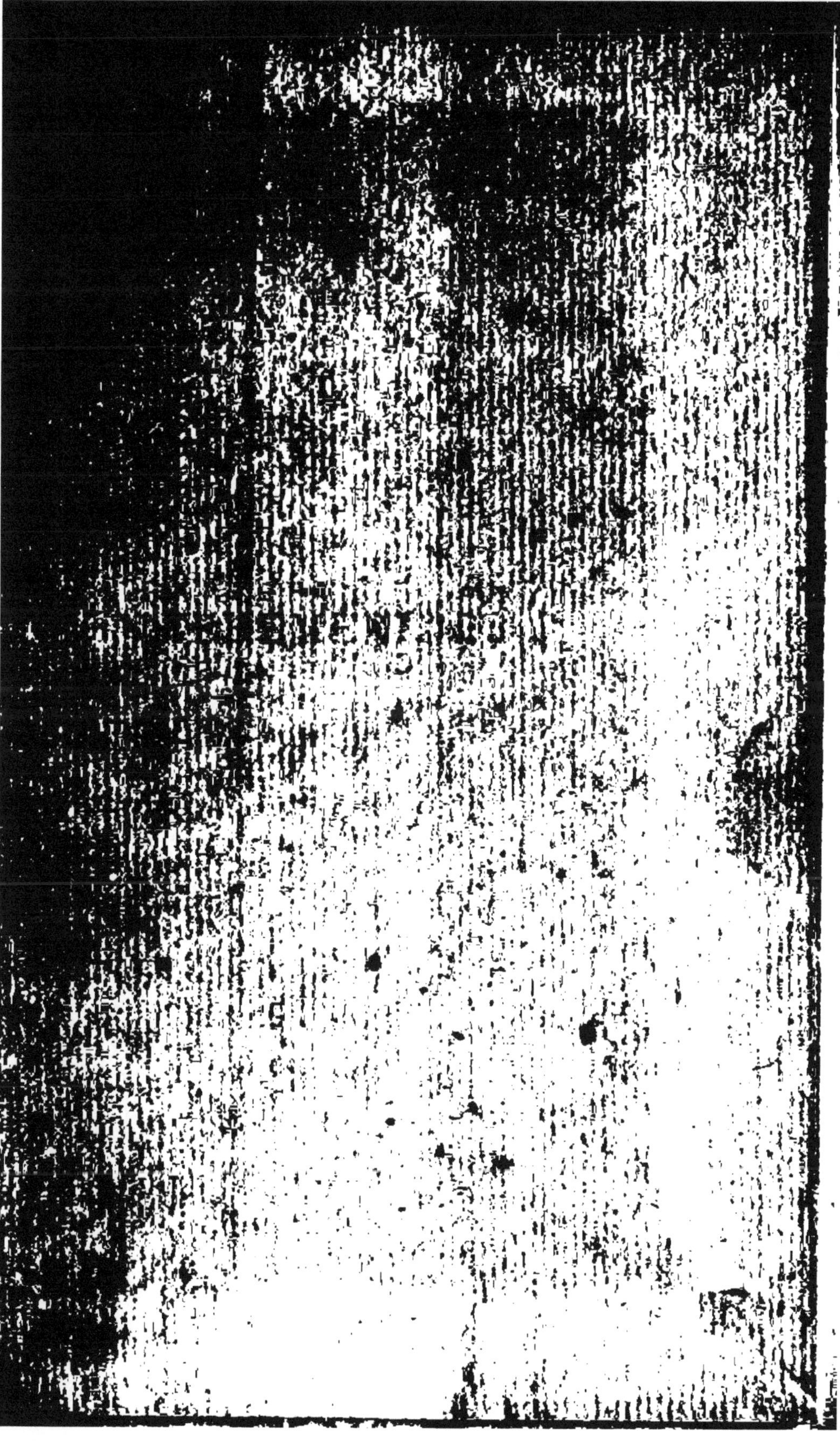

ÉPHÉMÉRIDES

ÉPHÉMÉRIDES

DU 2e BATAILLON

29e RÉGIMENT DE MOBILE

(Maine-et-Loire)

CAMPAGNES

DE LA LOIRE ET DE L'EST (1870-1871)

CHATEAUDUN

IMPRIMERIE HENRI LEGESNE

Rue d'Angoulême, 21

1873

MON COMMANDANT,

J'avais espéré pouvoir écrire l'histoire de toutes les compagnies du 2e bataillon. Je me suis aperçu que, malheureusement, je ne connaissais que bien imparfaitement beaucoup de détails; et alors, au lieu d'entreprendre un récit infidèle, où je n'aurais pu peut-être donner à chacun la part qu'il mérite, je me suis contenté de rapporter les faits généraux.

Ayant conservé les notes écrites chaque jour pendant la campagne, je les ai recopiées dans ce petit résumé, en y ajoutant seulement quelques souvenirs.

J'ai fait mon possible pour ne pas citer de noms propres, car, grâce à Dieu, tous, officiers et soldats, ont fait largement ce que leur imposait leur double qualité de soldats et d'enfants de l'Anjou, et justice leur a été rendue déjà par des voix plus autorisées que la mienne.

De plus, ce n'est pas à moi, ancien officier du 2e bataillon, à faire connaître les services que nous avons pu rendre à notre pays.

Si cependant votre nom se rencontre quelquefois dans ces lignes, c'est que je n'ai pu retenir ma plume, lorsque s'est présentée l'occasion de vous dire quels sentiments de haute estime et de profond dévouement vous avez su conquérir par votre brillant courage sur les champs d'Orléans et de l'Est, et votre affabilité dans la vie si monotone des camps.

Je ne serai en cela que le faible interprète de tous ceux qui ont eu l'honneur de servir sous vos ordres.

ÉPHÉMÉRIDES.

Quand l'ordre de se réunir fut donné à la garde mobile, les officiers étaient depuis longtemps déjà à Angers, pour y apprendre leur nouveau métier et profiter de tous les moyens d'instruction que le colonel du 14e de ligne voulut bien mettre à leur disposition.

Pendant le séjour à Saumur, les cours faits par les officiers de l'école, joints aux nombreux exercices, terminèrent tant bien que mal leur éducation militaire. De leur côté, les hommes étaient soumis tous les jours à cinq heures de manœuvres. Les sous-officiers avaient en plus un cours de théorie de deux heures.

Au bout de trois semaines passées dans cette dernière ville, l'on nous annonça notre départ pour le lendemain.

Notre chef de bataillon fut nommé colonel du 29e régiment de garde mobile, formé des trois premiers bataillons de Maine-et-Loire.

Quant à notre nouveau commandant, nous fûmes chargés de le choisir parmi nous. Ayant réuni les voix, il s'en trouva 23 sur 24 favorables à M. de la Cochetière, capitaine de la 6e compagnie.

Inutile de dire que la voix absente était la sienne.

Le 25 septembre, à midi, le bataillon était rangé sur le Chardonnet prêt à partir, mais il ne nous fut possible d'embarquer qu'à onze heures du soir. La population saumuraise nous accompagna en masse jusqu'à la gare. Les hommes restèrent calmes et parfaitement en ordre ; pas un cri ne fut proféré, indice déjà favorable de leur bon esprit et de leur discipline pendant toute la campagne.

La nuit se passa en chemin de fer, ainsi que la journée du lendemain. Où allions-nous ? Personne ne le savait. Enfin, à quatre heures du soir, l'on nous fit descendre, mourants de faim et soif. Nous étions à Bourges.

Obligés de traverser toute la ville, nous n'arrivâmes que fort tard aux immenses hangars qui ordinairement abritent les caissons d'artillerie, et qui devaient nous servir de caserne. Rien n'était préparé pour nous recevoir; il fallut tout organiser en quelques instants.

Dès le lendemain, d'immenses chaudières furent installées pour la cuisine et l'on distribua à chaque homme une botte de paille pour se coucher.

A partir de ce moment, tout s'organisa rapidement. Les habillements, les chaussures, les chassepots, les cartouches nous arrivèrent, grâce au zèle déployé par le général commandant notre corps d'armée et par nos officiers supérieurs. Trois semaines plus tard, nous étions prêts à entrer en campagne.

Le régiment se trouvait donc, à la fin de septembre, définitivement constitué. Les trois bataillons étaient formés chacun de sept compagnies, à 172 hommes l'une, non compris les officiers.

Le 1er bataillon était commandé par le brave et excellent commandant de Place, ancien officier de marine.

Le 2e et le 3e, par MM. Alexandre de la Cochetière et E. Arnous-Rivière, tous les deux anciens officiers de cavalerie, dans lesquels nous avions la confiance la plus entière.

Le lieutenant-colonel était M. de Paillot, ancien officier supérieur d'infanterie.

Le major, qui du reste ne vint jamais au régiment, était un ancien capitaine de zouaves.

Les sept compagnies du 2e bataillon étaient commandées par les officiers suivants :

1re compagnie :

A. d'Antichamp.

P. de Montesquiou.

H. de la Cochetière.

2e compagnie :

De Livonnière.

G. de Rochebouët.

Du Chêne.

3e compagnie :

De Romans.

De Cambour.

Bouju.

4e compagnie :

Boutet.

Deschamps.

De Monti.

5e compagnie :

Voisin.

Hérard.

De Villebresme.

6e compagnie :

Doussain.

De la Selle.

Bonnemère.

7e compagnie :

Bouchet.

Sarget.

Ferrand.

Le 12 octobre, nous recevions l'ordre de nous préparer à partir le jour même pour une destination inconnue. Montés en wagon vers trois heures, nous en descendions à minuit, au milieu de prairies détrempées.

A quelques pas devant nous, coulait la Sauldre, et les maisons que nous apercevions en arrière étaient celles de Salbris.

La pluie tombait fine et glacée; pas de paille, pas d'abris. Les soldats seuls avaient leurs tentes, car le fourgon des officiers n'était pas encore débarqué.

Notre première nuit en campagne fut pleine de péripéties et de mésaventures. Nous rêvions cependant la gloire, la victoire, que sais-je? toutes ces illusions que, jusqu'au dernier jour, nous avons conservées; aussi, malgré le vent, la pluie, la boue, que de rires, que de quolibets, dans cet endroit où, quelques mois plus tard, nous devions revenir vaincus et décimés!

Que d'amis et de braves soldats étaient là, pleins d'entrain et de vie, que la mort devait bientôt moissonner!

Nous fûmes réveillés le lendemain par la diane et par un soleil radieux qui nous inondait de ses rayons bienfaisants. A droite et à gauche de notre camp, nous voyions des lignes de tentes. En arrière, en avant, partout, les armes reluisaient au soleil, les feux s'allumaient, la gaîté était sur tous les visages.

Quand, tout-à-coup, un grand bruit parcourt cette foule; les clairons sonnent le sac au dos, les tentes s'abattent, on renverse les marmites, et, cinq minutes après, toutes les troupes sont rangées l'arme au pied. Elles commencent bientôt à défiler, en passant sur le pont qui est près de nous. C'est la route d'Orléans!... c'est là qu'est l'ennemi!

Bientôt, nous rencontrons des soldats qui marchent en sens inverse de nous; chasseurs à pied, lignards et cavaliers, sans sacs, sans armes, beaucoup coiffés du casque à chenille bavarois et dans un désordre complet. Ce sont les débris échappés de la première bataille d'Orléans.

N'importe, disions-nous, ils étaient 6,000

contre 40,000 ; ils ont résisté longtemps ; nous serons donc vainqueurs, nous qui sommes si nombreux que l'on ne voit plus de tous côtés que baïonnettes et canons.

A six heures du soir, nous eûmes une halte d'une heure à la Motte-Beuvron, et la marche fut reprise dans la direction d'Orléans. Vers onze heures, nous entrâmes dans un champ à droite de la route. En arrière de nous, était bivouaqué un superbe régiment de cuirassiers.

On se mit immédiatement à dresser les tentes et à allumer les feux. Les corvées de vivres partirent, mais ne revinrent qu'au matin avec demi-ration. A force de recherches, je finis par retrouver le fourgon où était ma tente. Je m'empressai de la faire établir de telle sorte qu'un sillon se trouvait au milieu et me faisait un lit excellent. Mais, à peine endormi, je fus réveillé par deux amis morts de fatigue, qui n'avaient pu trouver le fourgon et qui me demandaient l'hospitalité. Nous nous installâmes tant bien que mal ; mais, malheureusement obligés de nous mettre en travers, nous nous trouvions coupés en deux par le sillon qui devait me faire passer une si bonne nuit.

Au petit jour, il fallut se tenir prêts à repartir. L'on fit rapidement le café, et à huit heures nous étions en route. Au bout d'une heure de marche, nous traversâmes la Ferté-Saint-Aubin. Les Prussiens étaient tout près de nous, disait-on. Le 1er bataillon tout entier et la 3e compagnie du 2e furent envoyés en grand'gardes.

Notre camp fut établi à une lieue environ à gauche du village. Il tombait de la pluie à torrents. Les piquets de tentes ne pouvaient résister dans le sol sablonneux et détrempé. Quant à l'eau potable, il n'y en avait qu'à une lieue du camp, et quelle eau !

A ces misères, venait se joindre la faim qui nous dévorait. Nous n'avions eu que quelques biscuits depuis trois jours, nourriture à laquelle nous n'étions pas encore habitués, et quelques volailles que l'on avait grande peine à se procurer et surtout à faire cuire.

Ajoutez à cela des alertes continuelles, la défense d'allumer des feux la nuit, la pluie qui continuait à tomber, et vous aurez un aperçu des deux jours passés dans cet affreux camp.

Notre colonel voulut nous réunir plusieurs fois pour nous donner des instructions sur le service en campagne, mais des alertes continuelles, causées souvent par des régiments qui passaient, par les hommes qui faisaient partir leurs fusils par maladresse (et, à cette occasion, il faut accorder des éloges aux zouaves, qui faisaient un feu roulant dans leur camp), interrompaient toujours ses dissertations. Une fois même, une balle passa au milieu de notre groupe, sans, par miracle, toucher personne.

L'ordre arriva enfin, le 15 octobre, de

lever le camp. Ce fut une joie générale, bientôt remplacée par un profond mécontentement, quand nous nous aperçûmes qu'au lieu de continuer notre marche en avant, nous revenions sur nos pas.

Quelques coups de feu se firent entendre derrière nous. Nous apprîmes, le soir, que des uhlans étaient venus près de la gare de la Ferté, et que plusieurs d'entre eux avaient été tués par notre arrière-garde.

La marche était rapide, et les tirailleurs qui flanquaient la colonne avaient peine à nous suivre dans les terres détrempées.

En passant devant notre ancien camp, près de la Ferté, nous vîmes un malheureux soldat qui venait de se brûler la cervelle. Jeté comme un chien dans le fossé, la figure broyée, noire de poudre et de sang, les yeux sortis de leurs orbites, il était horrible à voir.

Nous ne nous arrêtâmes qu'à un kilomètre de Nouan-le-Fuselier. Les vivres manquaient complètement, et l'on dut se contenter, pour toute nourriture, de tranches de lard grillé et de quelques restes de biscuit.

De nombreuses grand'gardes furent commandées. Au moment où elles allaient partir, le bruit d'une fusillade éloignée se fit entendre. Au bout de quelque temps, quel ne fut pas notre étonnement en apprenant que cette prétendue fusillade n'était autre chose que le bruit produit par un régiment qui enfonçait les piquets de tentes avec les crosses de fusil. Le terrain sonore s'était prêté d'une manière surprenante à ce singulier effet.

Les grand'gardes se rendirent à leurs postes avec des consignes sévères. L'ennemi n'était pas loin. Il était défendu de laisser passer à qui que ce fût la ligne de sentinelles. La nuit fut épouvantable. Il tombait de l'eau à torrents, le vent mugissait dans les grands bois de sapins et arrachait les tentes. Il ne fut pas possible encore de dormir cette nuit-là.

Au point du jour, l'on s'occupa de se procurer des vivres, qui nous manquaient depuis si longtemps. Heureusement, des trains venaient d'arriver, apportant en abondance de la viande, du pain et du café.

La journée se passa sans incidents. La nuit fut encore froide et pluvieuse. A deux heures du matin, l'ordre arriva aux grand'-gardes de se replier, l'armée devant partir de bonne heure pour attaquer Pierrefitte, occupé par les Prussiens.

Le départ ne s'effectua cependant que fort tard dans la matinée, et nous n'étions à Pierrefitte qu'à trois heures du soir. Il n'y avait, bien entendu, pas un Prussien.

Le camp fut établi au milieu d'une lande où les lièvres, qui s'y trouvaient en grand nombre, affolés de tout ce mouvement, venaient se jeter dans nos jambes. Aussi le dîner fut-il succulent ce jour-là. L'on avait pu se procurer aussi d'excellents petits moutons et des pommes de terre en assez grande abondance. C'est dans ce camp que l'on nous distribua, pour la première fois, les prétendus dons patriotiques.

Chaque homme reçut environ un demi-verre d'un vin bleu, dans lequel il y avait plus à manger qu'à boire. L'on donna aussi un gilet de tricot par bataillon !!

C'est cependant la plus généreuse distribution que j'aie vue...

Malgré les manœuvres et les corvées, qui forçaient les hommes à prendre beaucoup de mouvement, les maladies commencèrent à faire de grands ravages. Le climat insalubre de la Sologne donnait à tous ces soldats, si bien portants quelques jours auparavant, un air de maladie et de souffrance que nous ne leur connaissions pas encore. Pour comble de malheur, la pluie changea bientôt notre bivouac en un véritable marécage.

L'on nous dirigea, le 22 octobre, sur Salbris, où le camp fut installé dans un champ entouré de bois de sapins. A quelques pas de nous, au pied d'un coteau escarpé, coulait la Sauldre.

Le campement était bien meilleur que celui que nous avions occupé, un mois auparavant, de l'autre côté du village, le jour de notre entrée en campagne. Malgré cela, il y eut encore de nombreux cas de fièvre et de dyssenterie, causés surtout par les pluies torrentielles, qui nous obligeaient à rester plusieurs jours avec des habits trempés.

L'armée commençait à se démoraliser, par suite de ces allées et venues continuelles. Ne connaissant pas les plans de l'État-Major, nous désespérions de jamais nous rencontrer avec cet ennemi que nous fuyions et que nous n'avions même pas encore aperçu.

Un de nos bons amis, lieutenant au 2e bataillon, reçut, le 23, l'ordre de retourner au dépôt, où il venait d'être nommé capitaine. Malgré ses supplications et l'offre même qu'il fit de rendre ses galons et de rester comme simple soldat, s'il le fallait, l'ordre dut être exécuté.

Le 24 octobre, plusieurs exécutions militaires eurent lieu. Un pauvre soldat du 39e de ligne fut, entre autres, fusillé pour quelque infraction au service des grand'-gardes. Il mourut bravement, en exhortant ses camarades à ne pas imiter les mauvais exemples qu'il avait pu leur donner. Il ne voulut pas se laisser bander les yeux et commanda lui-même le feu.

Ces terribles exemples ne tardèrent pas à ramener un ordre parfait dans l'armée.

Le 2e régiment de zouaves, qui faisait brigade avec nous, rempli de volontaires de Paris et de Lyon, fournit surtout un large contingent de condamnés. Les vieux soldats d'Afrique, qui formaient le noyau de ce régiment, approuvaient, du reste, la sévérité déployée contre leurs jeunes compagnons, qui manquaient souvent d'énergie et de discipline. Ce régiment se conduisit, pendant le reste de la campagne, de la manière la plus brillante.

Plusieurs de nos camarades ne tardèrent pas à éprouver les effets nuisibles du climat de la Sologne. Mais le désir de ne pas quitter le régiment et quelques soins donnés à l'ambulance, leur permirent de reprendre bientôt leur service.

Dans la nuit du 25 octobre, une aurore boréale inonda le ciel de splendides rayons couleur de sang. Ce fut un coup d'œil magnifique, que ces grands bois de sapins teints en rouge par cette fantastique illumination. Ce phénomène dura presque jusqu'à l'aube.

Le lendemain, un véritable ouragan s'abattit sur nous. Les tentes étaient arrachées, les feux éteints par une pluie torrentielle. Il fut presque impossible de faire la soupe dans cette journée, qui restera gravée dans notre souvenir, comme une des plus pénibles de la campagne.

Le 26, chaque régiment reçut l'ordre de former une compagnie d'éclaireurs, de soixante hommes, commandée par un capitaine.

Le 27, l'ordre arriva de changer l'emplacement du camp. A neuf heures du matin, le régiment partit et alla bivouaquer de l'autre côté de Salbris. Un bruit vague de départ prochain commença à circuler.

En effet, le lendemain matin, la brigade monta en chemin de fer et ne fut débarquée qu'à Blois. De là, elle alla camper à Mer, où elle resta jusqu'au 1er novembre, jour où elle s'établit près de Séris.

Le 2 novembre, à minuit, l'on fit faire précipitamment les sacs; nous ne partions cependant qu'à six heures du matin.

Après avoir traversé Mer, il fallut passer le pont suspendu qui joint les deux rives de la Loire. Ce pont n'étant pas solide, les plus grandes précautions furent prises. A quatre heures, nous arrivions au parc de Chambord, que notre régiment était chargé de défendre. Les murs du parc avaient été crénelés quelque temps auparavant.

Chaque bataillon en reçut une certaine portion à surveiller.

Le 2e bataillon fut placé près de la porte de Toury, sur l'emplacement d'un bois récemment abattu. Un ordre sévère défendit aux hommes de couper le moindre morceau de bois. Celui qui était nécessaire à la cuisine était fourni par le régisseur, qui recevait en retour un bon du capitaine-payeur du régiment.

Pendant notre séjour dans cet endroit, de nombreuses reconnaissances furent faites dans toutes les directions, mais elles n'apportèrent aucun indice sur la présence de l'ennemi. Une seule fois, l'on aperçut quelques uhlans, qui s'empressèrent de fuir de toute la vitesse de leurs chevaux.

Le dimanche 6, le camp fut levé à six heures et demie, et l'on alla s'établir dans un taillis près de la porte de Muide. Une partie de la journée fut employée à manœuvrer.

Le 7, au moment de la soupe, le canon se fit entendre à quatre ou cinq lieues, sur l'autre rive de la Loire. En un clin d'œil, les hommes firent leurs sacs; et, pleins d'enthousiasme, l'on marcha au canon.

Il fallut encore traverser le pont de Mer, ce qui nous retarda d'une grande heure, et à la nuit nous n'étions qu'à notre ancien campement, entre Lussay et Séris.

Le lendemain matin 8, notre brigade se porta en avant de Beaugency, près du village de Mer. Il y avait défense de défaire les sacs.

Le 9 novembre, à la pointe du jour, la brigade était rangée en bataille en avant du village. Notre régiment formait la droite.

L'on se mit en marche, en colonne, par divisions. La marche était rendue excessivement fatigante par les vignes et par les terres détrempées. Malgré cela, les hommes marchaient alignés comme sur un champ de manœuvres et oubliaient la fatigue au bruit du canon, dont nous nous rapprochions rapidement. La 4e compagnie du 2e bataillon, déployée en tirailleurs, couvrait le front du régiment à trois cents mètres en avant.

A onze heures, nous reçûmes l'ordre de nous reformer en bataille près d'une ferme. Nous avions à notre gauche le village de Bacon qui, criblé d'obus par notre artillerie, fut bientôt enlevé à la baïonnette, malgré la vigoureuse résistance des Bavarois. Nos tirailleurs furent envoyés dans la direction du château de Prélefort, pour s'assurer de la force des ennemis qui devaient y être réunis. Ils n'eurent besoin que de quelques coups de fusil pour faire fuir les uhlans qui s'y trouvaient.

Une batterie de 4 vint s'établir en avant de nous, pour battre le château, dans le cas où l'ennemi y reviendrait.

A quatre heures, le feu avait cessé sur toute la ligne. L'ennemi était en pleine retraite. Des incendies, allumés par les Prussiens, éclairèrent quelque temps l'horizon, et tout fut fini.

Défense fut faite de camper et d'allumer des feux. La pluie se mit à tomber à torrents, traversant les habits et détrempant le terrain de façon à former une boue liquide, dans laquelle il était impossible de se coucher.

A cinquante mètres de nous, se trouvait la vaste ferme de Salon, dont les immenses hangars nous tentaient bien. Mais M. de Paillot, notre colonel, interdit aux officiers et aux soldats de s'en approcher. Tout le monde aurait trouvé cela naturel, s'il n'avait été s'y établir lui-même et y passer une excellente nuit dans un bon lit. Morts de faim et de fatigue, sans vivres d'aucune espèce, sans feu et sans abris, cette nuit-là fut une des plus cruelles de la campagne, car, s'il est une chose vraiment intolérable, c'est bien la pluie qui glace les membres, empêche de faire des feux et force à vivre quelquefois des semaines sans pouvoir sécher les vêtements.

Le lendemain 10 novembre, l'on se mit en marche à midi. Au bout d'une heure, je trouvai, près d'un ancien campement prussien, un petit chien égaré et mourant de faim. Il fut immédiatement adopté par la compagnie qui, à l'unanimité, le nomma Moblot. Il ne me quitta pas jusqu'au jour où il fut tué par un obus.

Après une marche de sept heures à travers champs ou dans des chemins impraticables, nous arrivâmes, par une pluie battante, dans un champ où avaient campé déjà la cavalerie et le train auxiliaire. L'on enfonçait jusqu'aux genoux, et les chevaux même s'abattaient dans cette espèce de marécage. Les hommes, ne pouvant s'y coucher, entreprirent d'aller arracher des échalas pour les étendre par terre. Chaque compagnie envoya une corvée.

Mais, à peine étaient-ils entrés dans les vignes, qu'ils reculèrent d'horreur. Les sillons étaient remplis de cadavres qui sortaient à demi de terre : c'étaient les victimes du premier combat d'Orléans, qui avaient été enterrées à la hâte. L'on s'était contenté de rabattre les sillons sur eux, et les pluies continuelles avaient entraîné la légère couche qui les recouvrait.

En arrivant dans cet affreux camp, le brave capitaine Voisin, déjà malade depuis longtemps, tomba épuisé de fatigue, dans la boue. Il fallut l'emporter dans une maison du village, où il resta plusieurs jours souffrant cruellement, avant de pouvoir se décider à quitter pour toujours le bataillon.

Le lendemain fut encore plus affreux, si c'est possible. L'on était dans l'eau jusqu'aux genoux. Les échalas étaient disparus dans la boue, et la nuit suivante il fut impossible de dormir un seul instant. Heureusement, le 12, à dix heures du matin, l'ordre arriva de se diriger sur Gidy. La pluie tombait toujours; mais au moins, en arrivant, nous trouvâmes un champ non encore défoncé, ce qui était un immense bien-être, après les huit jours que nous avions passés dans la boue.

Le dimanche 13, le canon se fit entendre du côté d'Artenay. Tout notre front était couvert par des tranchées-abris pour l'infanterie, et notre droite défendue par une batterie de marine.

Le 14, le mauvais temps continuant, les hommes se trouvèrent avoir leurs vêtements pourris et en lambeaux; quant aux guêtres, il n'y en avait plus; aussi, aurait-il été impossible, grâce au système défectueux de la chaussure dans l'armée française, de faire marcher les hommes à travers champs.

Les 15, 16, 17, 18 et 19 furent employés à manœuvrer, à creuser des tranchées et à réparer tant bien que mal les effets. Les fusils avaient aussi beaucoup souffert de ces pluies continuelles et étaient couverts de rouille.

Le 20, le général Rébillard passa une grande revue de sa brigade; tout était remis en aussi bon état que possible. Dans l'après-midi, il arriva un ballon d'Orléans. Il fut gonflé et établi sur une éminence près de notre camp. De sa nacelle, l'on pouvait apercevoir, à de grandes distances, dans la direction de l'ennemi. Mais, le 23, un grand vent menaçant d'arracher les piquets et de causer des accidents, il fallut le défoncer à coups de baïonnettes.

Le 24, nous nous mîmes en route à neuf heures et demie. A peine arrivés à

Chevilly, une violente fusillade, mêlée de décharges d'artillerie, se fit entendre à notre droite. Ce combat dura peu de temps. C'était une forte reconnaissance de l'ennemi, qui avait été repoussée par les avant-postes. Quelques coups de canon se firent encore entendre vers le soir.

Nous restâmes bivouaqués toute la nuit et une partie du lendemain dans une vaste plaine près de Chevilly. En avant de nous, était établie une batterie de marine de huit pièces de 24.

Rangés en colonne par bataillons, les sacs derrière les faisceaux, nous étions prêts à partir au premier ordre.

Le lendemain, à huit heures, le camp fut porté aux Chapelles. C'est là que nous eûmes connaissance de l'avantage obtenu, la veille, par le 21e corps à Neuville. Mais, en même temps, le bruit courut que Frédéric-Charles essayait de nous tourner, du côté de Pithiviers.

Le 26, une compagnie du 2e bataillon fut envoyée en reconnaissance du côté d'Artenay, et, malgré une marche de dix heures, n'eut connaissance que de quelques uhlans venus en réquisition, le matin même dans une ferme.

Le 27, le camp fut replacé de l'autre côté du village. Le canon tonna une grande partie de la journée dans la direction de Neuville. Des ordres sévères furent donnés aux commandants des grand'gardes et des reconnaissances, pour exiger que les ailes des moulins fussent toujours dans une position perpendiculaire au vent, position que les meuniers ne devaient pas changer, sous peine de mort. Plusieurs, en connivence avec l'ennemi, étaient convenus, paraît-il, de certains signaux pour indiquer la marche des troupes. Un d'eux, pris sur le fait, fut fusillé sur place.

Le 28, le canon tonna toute la journée

dans la direction de Beaune-la-Rolande. Le soir, la nouvelle nous arriva, par la ligne des estafettes disposées sur toute la longueur de l'armée, que le général Crouza y avait remporté un succès assez sérieux.

Le 29 se passa à faire des distributions de souliers et de vêtements aux soldats qui en avaient le plus grand besoin.

Le 30, à trois heures du matin, un rapport des avant-postes prévint qu'il fallait se tenir prêts à une attaque du côté d'Artenay. Mais la journée se passa sans événements.

Le 1er décembre, le temps humide fut enfin remplacé par une forte gelée. A l'appel du midi, l'on annonça une prétendue victoire du général Ducrot, sous Paris. Dans la nuit, un ordre arriva aux grand'gardes de se replier.

Le lendemain, vendredi 2 décembre, la

brigade se mit en marche dans la direction de Saint-Lyé. Le 3e bataillon de notre régiment resta pour défendre les batteries de Chevilly. Bientôt, l'on nous fit former sur la gauche en bataille et l'on se dirigea, par une marche oblique, sur Achères-le-Marché. A deux kilomètres du village, une section de la 5e compagnie du 2e bataillon, reçut l'ordre de s'assurer s'il était occupé. Les hussards rouges, qui s'y trouvaient, s'empressèrent de l'évacuer.

Les habitants firent un accueil chaleureux à leurs libérateurs; leur joie ne fut pas de longue durée.

Après s'être emparés du village sans coup férir, les tirailleurs le traversèrent au pas de course, espérant trouver l'ennemi de l'autre côté. Mais ils ne purent qu'échanger quelques balles avec des éclaireurs qui se tenaient à une distance assez considérable et qui cependant furent forcés de battre en retraite, au grand galop de leurs chevaux, grâce à quelques coups de feu bien dirigés.

Bientôt après, une batterie de 8 vint s'établir sur la hauteur, à droite du village. A la vue de ce secours, les tirailleurs voulurent avancer davantage, mais l'ordre leur fut donné de rester à la place qu'ils occupaient. A trois kilomètres dans la plaine, l'on apercevait une masse considérable de cavalerie et d'infanterie prussiennes, et, sur une route un peu en arrière, une colonne d'artillerie marchant au pas.

Sur notre gauche, l'on voyait distinctement le combat de Patay et le mouvement de retraite du 16e corps. Il était donc impossible de se porter en avant. Il fallut même bientôt aller au secours de notre gauche, complètement battue.

Notre brigade commença ce mouvement vers quatre heures du soir, mais l'on oublia de prévenir les tirailleurs de se replier. Heureusement, les uhlans, qui s'étaient aperçus du mouvement de l'armée et qui débordaient déjà l'arrière-garde, n'attaquèrent pas la petite troupe, qu'ils auraient pu cependant enlever facilement. A une heure du matin, nous arrivions à Artenay, épuisés de fatigue.

Cette ville était remplie de blessés et d'isolés du 16e corps. L'on nous fit camper un peu en avant, la gauche appuyée au chemin de fer. La nuit fut excessivement froide et l'on en souffrit d'autant plus, qu'il était défendu de faire les tentes et d'allumer les feux.

Le lendemain, à cinq heures, l'on se rangea en bataille. A la pointe du jour, les grand'gardes et quelques pièces de canon portées en avant commencèrent l'action, qui ne tarda pas à devenir générale. Le terrain, durci par la gelée des trois dernières nuits, favorisait les manœuvres, mais en même temps rendait le feu des Prussiens beaucoup plus meurtrier. Un brouillard épais nous empêchait de voir ce qui se passait en avant.

Vers sept heures, plusieurs régiments de

cavalerie défilèrent derrière nous, se dirigeant sur notre droite, afin de surveiller ce côté qui était dégarni, et de nous empêcher d'être tournés. L'on vit peu à peu cette longue colonne grise se fondre dans le brouillard. A ce moment, le feu avait presque complètement cessé. Quelques coups de fusil nous permettaient seulement de connaître la position de l'ennemi.

A neuf heures et demie, le brouillard s'étant éclairci, l'action fut reprise vigoureusement. Toute l'artillerie s'était placée à notre droite et à notre gauche. Les régiments qui se trouvaient en avant ouvrirent un violent feu de tirailleurs.

A onze heures, un pâle soleil nous permit d'apercevoir les positions des troupes. Notre artillerie souffrait énormément de la précision du tir de l'ennemi, ce qui l'obligea à se reporter en arrière. Les troupes furent obligées de suivre le mouvement.

A une heure, notre artillerie ne répondant plus que faiblement, les Prussiens dirigèrent sur nos deux bataillons une grêle d'obus. Placés malheureusement sur une éminence, les projectiles étaient tous dirigés sur nous, tandis que les autres régiments, masqués par un pli de terrain, étaient complètement à l'abri. Il y eut un moment de confusion dans nos rangs, mais à deux heures les pièces de Chevilly commencèrent à tonner et eurent bientôt fait taire la batterie qni nous faisait le plus de mal. Un obus, tombé au milieu de la 2e compagnie de notre bataillon, avait tué ou blessé seize hommes. C'est peu d'instants après, que fut tué mon pauvre Moblot.

Ne voyant pas l'ennemi, et par conséquent ne pouvant faire usage de nos armes, il fallut battre en retraite jusqu'à Chevilly. Nos blessés avaient tous été portés dans une grande ferme qui ne tarda pas à être mise en feu par les projectiles prussiens, malgré le drapeau des ambulances qui y était arboré.

Ce fut avec des peines inouïes et en

risquant vingt fois leur vie, que nos aumôniers et nos chirurgiens purent enlever ces malheureux. A cinq heures, la batterie de marine, aidée d'une batterie de campagne, commença à tirer à mitraille sur les masses prussiennes qui étaient à petite portée.

A sept heures, la nuit étant complètement noire et l'ennemi à quelques pas seulement, il fallut enclouer les pièces et reculer vers Cercottes par la chaussée du chemin de fer.

C'est pendant cette retraite qu'une compagnie, commandée par le brave capitaine Raoul de Chemellier, n'ayant pas reçu l'ordre de suivre le mouvement et restant au poste qui lui était indiqué, perdit son sous-lieutenant, M. de Mieulle, tué par un éclat d'obus qui lui enleva une partie de la tête. Malgré l'ennemi qui entourait presque entièrement cette compagnie, le capitaine, à force d'énergie et de sang-froid, parvint à rapporter à travers bois le cadavre de son malheureux ami. Il ne nous rejoignit qu'à minuit dans ce village.

La nuit fut tranquille, mais il fut très-difficile de se procurer des vivres. Une femme, qui habitait seule dans la gendarmerie, n'eut pas honte de nous vendre dix francs une bouteille de mauvais vin rouge.

Le lendemain dimanche, 4 décembre, à sept heures du matin, nous étions rangés derrière les faisceaux, fatigués des rudes étapes que nous faisions depuis trois jours, et un peu démoralisés de ne pouvoir joindre cet ennemi invisible. Depuis deux jours, il nous avait été impossible de faire la soupe ou le café, ce qui ne contribuait pas peu à abattre les forces et le moral des hommes. A huit heures, l'on nous fit appuyer sur la gauche.

A ce moment, notre colonel quitta le régiment à cheval et suivi de son ordonnance. Attaqué, paraît-il, de douleurs rhumatismales, il retourna chez lui et ne revint pas.

M. de Place, en qualité de plus ancien

chef de bataillon, devait prendre le commandement. Avec sa modestie ordinaire, il allégua son grand âge et les fatigues qu'il ne pourrait peut-être pas supporter longtemps. Ce fut alors le commandant du 3e bataillon, M. Arnous-Rivière, qui devint notre colonel, position dont il était bien digne et qu'il sut si bien remplir par la suite.

Des corvées furent envoyées pour toucher du pain à la gare de Cercottes, qui était encombrée. Une partie de ce pain dut être abandonnée, les Prussiens nous poussant trop vivement.

A dix heures, nous commençâmes le feu sur une forte ligne de tirailleurs, qui, obligée de battre en retraite, fut remplacée par de l'artillerie qui nous cribla d'obus.

Il fallut encore battre en retraite, ce qui se fit dans le plus grand ordre, chaque bataillon se repliant par échelons qui faisaient feu de temps en temps.

Arrivés à la hauteur du village, n'étant

pas soutenus et le régiment perdant beaucoup de monde, l'on décida d'arrêter l'ennemi, pour donner le temps de choisir une bonne position. A cet effet, le commandant donna l'ordre à trois compagnies, les 1re, 2e et 5e, de se porter en avant du village et d'y tenir jusqu'à nouvel ordre.

C'est dans cette action, que tant de nos camarades tombèrent glorieusement. Débordés de tous côtés et en butte à des forces écrasantes, les hommes ne pensaient même pas à reculer, quand l'ordre d'abandonner la position arriva.

Cet ordre ne fut communiqué qu'à la 5e compagnie, celui qui le portait ayant probablement été tué. Les 1re et 2e compagnies n'en eurent pas connaissance. Le commandant de la Cochetière s'en étant aperçu, malgré l'immense danger de traverser cette plaine remplie d'ennemis qui faisaient sur lui un feu terrible, alla au petit galop de son cheval les rechercher.

Il échappa, par miracle, à une mort presque certaine, et vint bientôt se remettre à la tête de son bataillon, pour y donner encore plusieurs fois, dans la journée, des preuves de son sang-froid et de sa bravoure héroïque.

Le régiment ne tarda pas à être obligé de reculer encore. Il opéra sa retraite formé en colonne par division et avec le plus grand calme. Il arriva bientôt à la Montjoie, où il reçut l'ordre de tenir jusqu'à trois heures et demie, pour permettre à l'armée de passer la Loire.

A ce moment, le régiment était seul à soutenir tout le choc des Prussiens. Malgré le feu terrible qui nous écrasait, un lièvre se trouvant au milieu des rangs, plusieurs hommes s'amusèrent à le poursuivre, oubliant le danger pour un instant de plaisir.

A quatre heures et demie, nous étions encore au pied du moulin de la Montjoie. Une batterie de mitrailleuses vint s'établir à notre droite, derrière un épaulement. Le feu devint encore plus vif. Le général Rébillard était au milieu de nos rangs, nous encourageant par sa présence et son calme. Mais il eut bientôt son cheval tué sous lui et son escorte dispersée.

Avant de céder définitivement le terrain, il fallait tenter un dernier effort. Notre commandant en tête, nous essayâmes d'aborder les masses ennemies qui remplissaient les vignes. Mais, malgré le secours des mitrailleuses, nous ne pûmes arriver jusqu'à elles. Nous fûmes rompus par la mitraille, et alors, la rage dans le cœur, il fallut céder devant cette force irrésistible, en ne pouvant même pas emporter tous nos blessés, malgré leurs supplications.

Poursuivis par une fusillade terrible, il fut presque impossible de reformer les rangs.

Arrivés au faubourg d'Orléans, une partie du régiment resta dans les tranchées, le reste continua sa route jusqu'à la Loire et se forma en bataille sur le quai, en attendant des ordres. C'était, je crois, le seul corps encore en ordre à ce moment.

A minuit, les dernières compagnies qui étaient restées aux tranchées passaient le pont. Tout était fini. Il n'y avait plus d'armée !

. . . .

Sur l'autre rive de la Loire, les routes étaient encombrées d'isolés de toutes armes : zouaves, turcos, soldats de la ligne, mobiles, cavaliers, artilleurs; tout cela formait une foule sans nom, qui, manquant de direction et de vivres, se répandait dans les campagnes pour tâcher d'y trouver un morceau de pain et un gîte.

Nous nous arrêtâmes quelque temps à Olivet, où, grâce aux braves habitants, nous pûmes nous restaurer un peu. Depuis deux jours nous n'avions plus de vivres, et nous en aurions eu, que nous n'aurions pas eu le temps de les faire cuire.

En traversant Orléans, nous espérions y trouver quelques secours ; mais, loin de là, toutes les maisons étaient barricadées, et si quelques habitants apportaient de l'eau et du pain sur notre passage, c'était pour spéculer sur notre misère. Aussi l'armée n'oubliera-t-elle jamais la manière dont cette ville s'est conduite à son égard.

Après le repos d'Olivet, nous nous remîmes en route et nous arrivâmes à la Ferté, à dix heures du matin. A deux heures, nous repartions pour la Motte-Beuvron. Après avoir passé la nuit assez tranquillement, la marche fut reprise à trois heures du matin. A neuf heures, nous étions à Salbris.

Immédiatement l'on s'occupa de réorganiser les compagnies, car plusieurs n'avaient plus de cadres. Le soir, nous allâmes camper le long du cimetière. Le froid fut terrible cette nuit-là.

Le lendemain, mercredi 7 décembre, une dépêche de Gambetta nous apprit que le brave général d'Aurelles était révoqué.

Vers midi, le canon tonnait vigoureusement sur la route d'Orléans. Nous passâmes le reste de la journée sous les armes.

La canonnade se rapprochait rapidement. Enfin, à six heures du soir, une mousqueterie épouvantable éclata tout-à-coup, à cent mètres de nous, de l'autre côté de la Sauldre. Le 2e zouaves, qui était rangé au bas du coteau, le long de la rivière, y répondit immédiatement. Cette fusillade, accompagnée de quelques coups de canon, dura une heure environ. Au bout de ce temps, les Prussiens battirent en retraite. Cette action, qui par elle-même fut de peu d'importance, impressionna cependant vivement les hommes. Les cris des blessés, les hourras des Prussiens, le sifflement des balles au milieu d'une obscurité complète, l'artillerie qui roulait sur les terres durcies, tout cela avait quelque chose de si horrible, que ceux qui ont assisté à des combats de nuit peuvent seuls s'en faire une idée.

A sept heures environ, l'on nous chargea de soutenir la retraite. Toutes les troupes s'éloignèrent peu à peu. Enfin, notre tour vint, et nous nous mîmes en route pour Aubigny. Cette marche fut très-pénible, car, partis de Salbris à neuf heures, nous n'arrivions que le lendemain matin à sept heures.

La neige tombait en abondance et rendait encore plus triste l'affreux pays que nous traversions. Je vis, dans cette nuit, des hommes tomber foudroyés par suite de la fatigue et, malgré tous les soins possibles, expirer au bout de quelques secondes. Notre commandant essayait de relever les forces par des paroles d'encouragement et en marchant à pied à la tête de son bataillon. Il faisait monter sur son cheval les soldats les plus fatigués. Ce fut grâce à lui que beaucoup d'entre nous qui seraient restés sur la route, où ils seraient morts de froid ou faits prisonniers, purent arriver jusqu'à Aubigny.

Au lieu de cantonner, ce que nous espérions, l'on nous fit bivouaquer dans une plaine couverte de neige. Les vivres manquaient complètement. Ce fut à grandes peines que l'on put se procurer quelques biscuits.

Il fallut repartir à une heure du matin. Au moment du départ, l'on s'aperçut que beaucoup d'hommes, surtout du 27e, étaient morts de froid. Les chevaux ne pouvaient plus marcher, nos chaussures étaient usées, nos pieds en sang, et nous tombions de fatigue. Malgré cela, nous arrivions vers midi à Henrichemont. Nos flanqueurs s'étant égarés, nous crûmes, pendant deux jours, qu'ils avaient été enlevés.

Le lendemain, 10 décembre, la neige tombait toujours. Dans le camp, nous en avions jusqu'aux genoux. A quatre heures

du matin, nous repartîmes. Cette ma
fut la plus terrible de toutes, car, ma
nos fatigues depuis dix jours, pen
lesquels nous avions marché et comb
presque jour et nuit, sans vivres, s
repos, il fallut faire ce jour-là une é
de seize lieues. En arrivant, il fut imp
sible de trouver une compagnie capable
fournir la grand'garde.

Le lendemain, 11 décembre, nous avi
repris quelques forces; les malades et
traînards nous rejoignirent. Le bruit cou
que les Prussiens étaient à Saint-Flore
Il fallut envoyer de fortes grand'gardes.

Le 12, nous étions en route pour Meh
sur-Yèvres, où nous eûmes, grâce à
petit dégel, un campement détestable.

Le 13, les distributions de vivres repri
enfin leur régularité. Le général Bourba
qui venait d'être nommé au commandeme
en chef, vint visiter notre campement.

uva le régiment trop maltraité pour con-
uer la campagne avant d'avoir pris
lque repos et reçu des secours.

Nous restâmes dans ce camp jusqu'au 16,
r où l'on nous fit partir à cinq heures
matin. A midi, nous arrivions à Prunay,
nous fûmes enfin cantonnés. Depuis
tre entrée en campagne, c'est-à-dire
puis plus de deux mois, nous avions
ujours couché dehors, quelquefois sous
tente, bien plus souvent simplement
ulés dans un manteau, au fond d'un
llon.

Lorsque, le 19, à six heures du matin,
ous reçûmes l'ordre de repartir, la fatigue
vait disparu, et avec elle le découragement.
es chaussures et les vêtements laissaient
ien encore à désirer, mais, à notre arrivée
Bourges, nous trouvâmes tout ce qui
ous était nécessaire. Ce soir-là, nous
ûmes camper.

Le lendemain matin, à sept heures, nous

repartions pour Brécy, sur la route de Nevers. Arrivés à deux heures dans ce camp, nous y restâmes jusqu'au 22, jour où l'on nous renvoya près de Bourges, dans les prairies de Saint-Douchard.

Le froid était si rigoureux qu'il fut impossible d'enfoncer les piquets de tentes. L'on essaya de tous les moyens; les baïonnettes même ne pouvaient entrer en terre. Pour comble de malheur, il n'y avait pas de bois dans les environs. Il fallut donc passer la nuit sans feu.

Le commandant du 1er bataillon, M. de Place, à bout de forces, fut obligé de nous quitter. Malgré son âge, il avait pu, à force d'énergie, résister jusque-là à toutes les fatigues que nous avions éprouvées.

Le lendemain 23, nous allâmes de nouveau camper à Mehun.

Le 24, nous reçûmes l'ordre d'aller à Vierzon, en suivant les bords du canal. Le froid était tellement insupportable qu'il fallut dès le lendemain faire cantonner les troupes.

Les 25, 26, 27, 28, 29 et 30 se passèrent dans la même position.

Le 31, le 2e bataillon fut envoyé en avant de Vierzon, au village des Alouettes. Deux de ses compagnies furent détachées aux Mauranderies, où plusieurs officiers, pour faire passer un peu le temps, essayèrent de chasser. Le résultat fut loin d'être satisfaisant. Ceux qui prirent part à ce sport n'en oublieront pas de sitôt les détails.

Le 5, au soir, nous reçûmes l'ordre d'être à une heure du matin à la gare de Vierzon. Arrivés à l'heure exacte, l'on nous dit d'attendre jusqu'à dix heures. Nous en profitâmes pour dormir un peu et faire un maigre déjeûner. A onze heures, nous reçûmes l'ordre de retourner à Mehun, où nous arrivâmes à la nuit.

Le lendemain 7, il fallut repartir à quatre heures du matin pour Bourges, où nous devions nous embarquer. A dix heures, nous étions à la gare, mais nous ne pouvions espérer partir avant trois heures du matin. Nous passâmes la nuit sur les trottoirs, avec une pluie torrentielle sur le dos. Notre tour ne vint qu'à onze heures.

A six heures du soir, nous étions à Cercy-la-Tour; la voie était encombrée et il était impossible d'avancer. Mais les wagons étaient pour nous des palais, et nous passâmes une nuit excellente.

Le 9, la voie étant toujours obstruée, nous allâmes déjeûner dans la ville, où tous les habitants firent leur possible pour bien nous recevoir. Le soir, nous pûmes encore faire un excellent dîner avant de partir.

A neuf heures du soir, notre train se mit en marche. A minuit, il s'arrêta sur une chaussée. Au point du jour, nous apprîmes que nous étions près de Luzy, et que nous ne pouvions pas continuer notre route avant quarante-huit heures.

Immédiatement, des corvées furent envoyées dans le village pour acheter des vivres, car les hommes en manquaient depuis la veille. Nous fûmes admirablement reçus par les habitants, et, le soir, je pus me coucher dans un lit, ce qui ne m'était pas arrivé depuis plus de trois mois.

Le 11 fut employé à faire des réquisitions de pain et de viande qui permirent d'aligner pour trois jours.

Le 12, à une heure du matin, les clairons nous firent lever précipitamment. Notre train ne se mit pourtant en route qu'à trois heures après midi. La nuit fut horriblement froide. Nous arrivâmes à Dôle à huit heures du matin.

Repartis à dix heures, la journée se passa gaiement. Cependant, la portière de notre wagon s'étant ouverte, le petit baril qui contenait la provision de vin de notre popote tomba sur la voie et fut perdu pour nous. Ce fut une grande privation, car il fallut se contenter alors de neige fondue comme boisson.

Le dimanche 15 janvier, nous arrivâmes à Beaume-les-Dames. Nous eûmes à peine le temps de faire enlever des wagons les cadavres des hommes morts pendant la route et les malades. A huit heures, nous partions pour Clerval, où nous arrivions à quatre heures du soir, après une marche pénible, rachetée du reste par la beauté du paysage que nous traversions.

Le pont était coupé; il fallut aller jusqu'à Fontaine pour trouver un gîte. N'y étant arrivés qu'à neuf heures, l'on s'occupa du logement des soldats, et nous pûmes à peine dormir quelques instants.

Le lendemain 16, le départ eut lieu à

midi. Beaucoup de malades suivirent le bataillon; il fallut réquisitionner des voitures pour porter leurs sacs et les bagages, mais les habitants avaient caché leurs chevaux. L'on fut obligé d'employer la force pour en obtenir deux.

Le bataillon arriva à neuf heures du soir à Sainte-Marie. Les malades, après avoir marché pendant une partie de la nuit, furent obligés de s'arrêter à l'Isle-sur-Doubs, où les habitants furent extrêmement bienveillants et mirent tout en œuvre pour leur procurer quelques soulagements.

Le lendemain matin, cette colonne se remit en route à cinq heures, et, après des peines inouïes, rejoignit le bataillon à Sainte-Marie, à deux heures après midi.

Le 18, nous repartîmes à sept heures pour Montbéliard. Le froid était terrible, la route couverte de verglas. Vers midi, nous rejoignîmes le reste de notre brigade au moment où quelques obus Krupp, partis de la citadelle, tombaient sur le 27ᵉ, qui perdit plusieurs hommes et deux officiers. Nous n'eûmes pas à en souffrir. Un d'eux vint cependant éclater au milieu des corvées qui étaient à couper du bois dans un taillis, mais ne blessa personne. Inutile de dire que le bois fut évacué rapidement.

Le plus difficile était de se coucher, car il y avait deux pieds de neige sur la terre. Cependant, chacun fit son lit comme il put, et la nuit se passa assez bien.

A quatre heures du matin, il fallut prendre les armes précipitamment. Les Prussiens nous attaquèrent vigoureusement et nous obligèrent à reculer pour ne pas être tournés.

Nous fûmes chargés de soutenir la retraite de l'armée qui se dirigeait vers la Suisse.

L'ennemi nous serrait de près et envoyait des obus, lorsque le terrain était favorable.

Nous étions flanqués par une forte ligne de tirailleurs, qui, obligés de gravir les montagnes, de traverser les fourrés dans la neige, où ils enfonçaient parfois jusqu'à moitié du corps, eurent à supporter ce jour-là des fatigues affreuses.

Arrivés à Longevelle, à quatre heures du soir, nous bivouaquâmes sur un plateau qui domine ce village. Au milieu de la nuit, la neige se mit à tomber. Au bout d'une heure, nous étions tous ensevelis, à tel point que, le matin, l'on chercha pendant longtemps trois officiers de notre bataillon qui, dormant profondément, ne se réveillèrent que quand on marcha par hasard sur eux!

Notre popote avait encore quelques ressources en café, ce qui ne contribua pas peu à nous réchauffer. Quelques restes de pain qu'il fallut, avec mille peines, faire dégeler, nous permirent de reprendre des forces pour l'étape que nous avions à faire ce jour-là.

Arrivés à midi à l'Isle-sur-Doubs, nous trouvâmes la grande rue qui traverse la ville, complètement obstruée par une multitude de chariots et de caissons enchevêtrés les uns dans les autres. Il fallut passer, homme par homme, sous les roues, entre les jambes des chevaux, au risque d'être vingt fois écrasés. Arrivé de l'autre côté, le bataillon était, bien entendu, dans un désordre affreux, désordre qui, du reste, fut bientôt réparé.

Nous rencontrâmes le général Peytavin, qui annonça que les Prussiens occupaient Fontaine, où nous comptions bivouaquer. Si cela avait été vrai, nous étions cernés. Heureusement, il n'en était rien, et, quand nous y arrivâmes, notre 3e bataillon y était installé déjà.

Nous allâmes jusqu'à Gondenau, qui se trouve un peu plus loin, où nous pûmes passer une excellente nuit.

Le lendemain matin 21, à six heures,

l'ordre nous fut donné de partir en toute hâte, les Prussiens essayant de nous tourner. Nous arrivâmes vers trois heures sur le plateau du Signal, qui domine Beaume-les-Dames. Sur cet endroit élevé, le froid était épouvantable. Le vin, comme à Montbéliard, gelait dans les bidons.

Nous manquions complètement de vivres; heureusement, le lendemain, l'on nous fit donner l'ordre d'envoyer des corvées à Beaume, où nous trouverions l'intendance, qui nous alignerait jusqu'au 24. Le retour de ces corvées fut très-pénible. Chargées d'énormes quartiers de viande, de toiles pleines de pain, de sucre, de café, il leur fallut gravir deux lieues de montagne, dans la neige jusqu'aux genoux. En arrivant, elles trouvèrent le bataillon prêt à partir. L'on eut à peine le temps de faire les distributions.

A quatre heures, l'on était à Poulinier, où nous pûmes avoir de la paille pour coucher, et où les habitants firent tout leur possible pour nous bien recevoir.

Repartis le lendemain à sept heures et demie, nous suivîmes toute la journée les bords du Doubs. Après avoir fait une halte d'une heure, dans une immense prairie, nous passâmes sur l'autre rive. Bientôt après, nous aperçûmes la citadelle de Besançon; mais, au lieu de traverser cette ville, l'on nous fit prendre par des sentiers où l'on ne pouvait passer qu'un par un. Pour nous reposer d'une marche aussi pénible, le général Chopin promit de nous faire cantonner; mais, au lieu de cela, il nous arrêta à dix heures du soir, dans une prairie marécageuse. De cet endroit, l'on voyait, au-dessous de nous, une immense plaine couverte de feux. De faux rapports firent croire que c'était l'armée prussienne, tandis que c'était le 21e corps, qui se dirigeait vers la Suisse. Il fut défendu de faire des feux.

Les hommes, épuisés, furent un instant

exaspérés en voyant qu'on ne les faisait pas cantonner. Quelques murmures se firent même entendre, mais furent rapidement apaisés.

La moitié du bataillon fut envoyée en grand'gardes. La nuit était si noire, que les hommes manquèrent plusieurs fois de tomber dans des fondrières, où ils se seraient broyés.

Les sentinelles durent être relevées toutes les demi-heures. Leur fatigue était si grande, qu'elles ne pouvaient rester plus longtemps en faction, sans tomber d'épuisement.

Le lendemain 24, à sept heures, l'on nous fit ranger en bataille en avant de Larnod; mais, l'ennemi ne nous ayant pas attaqué, nous allâmes bivouaquer le soir près du village.

Le 25, le canon et la fusillade résonnèrent toute la journée du côté de Bussy. Les bagages, qui n'avaient pu suivre toutes nos pérégrinations dans la montagne, furent en grande partie perdus ou pris.

Le 26, dès le matin, les Prussiens attaquèrent les grand'gardes qui les repoussèrent vigoureusement.

La 1re compagnie du 3e bataillon, commandée par le capitaine Le Boucher, se fit remarquer entre autres par son entrain et le brillant succès qu'elle obtint. Occupée à creuser des tranchées, elle vit arriver un régiment français tout entier dans le plus grand désordre. Abandonnant la pioche, elle fit un feu violent sur les Prussiens qui poursuivaient les fuyards et n'étaient qu'à une cinquantaine de mètres; puis, chargeant à la baïonnette, elle les repoussa vigoureusement après leur avoir tué ou pris une vingtaine d'hommes.

Le 27, à sept heures du matin, nous reçûmes l'ordre de partir immédiatement pour Fontain, où nous arrivions à neuf heures et demie. Ce village était rempli de mobilisés du Doubs, qui se crurent dans l'obligation d'arrêter comme espions prussiens deux officiers du bataillon qui étaient allés en avant pour préparer les cantonnements.

Le bataillon arriva une demi-heure après et eut toutes les peines du monde à se faire reconnaître par les sentinelles. Mais, voyant qu'un temps précieux se passait en pourparlers inutiles, nous prîmes le parti de passer quand même, sans nous occuper autrement d'eux et de leurs protestations.

Il faut dire aussi que cette troupe n'avait même pas le mot d'ordre, ce qui fut cause que nos deux camarades furent menés devant le maire qui devait décider de leur sort. Ce dernier étant absent, sa femme voulut le remplacer ; mais, à la vue des prisonniers qu'elle prit aussi pour des Prussiens, elle faillit s'évanouir de frayeur. Le village était dans la consternation. Notre arrivée mit fin à cette comédie, qui se termina à la confusion des malheureux mobilisés.

Le lendemain matin, à quatre heures, le 30e de marche arriva. Avec son sans-gêne habituel il s'empara d'une grange où était cantonnée une de nos compagnies, qui, n'ayant malheureusement pas d'officiers en ce moment, évacua cet endroit sur l'ordre d'un capitaine de la ligne; mais cet acte devait être bientôt chèrement payé.

Le 29, nous apprenions la reddition de Paris et l'armistice pour toute l'armée, excepté pour nous.

Le 30, eut lieu encore un petit engagement près de Bussy.

Le 31, notre aumônier voulut retourner en Anjou; mais, arrêté bientôt par les Prussiens et maltraité même par eux, il fut obligé de revenir avec nous.

Le 1er février se passa tranquillement.

Pour éviter toutes discussions, le général Choppin établit une ligne de démarcation dans le village pour les logements de notre bataillon et du 30e.

Le 2, de nombreuses corvées furent employées à creuser des tranchées et à construire deux redoutes. Ce travail était très-pénible par suite du froid et de la dureté du terrain.

Le 3, un petit dégel facilita les travaux.

Le 4, nous apprîmes le passage en Suisse de toute l'armée.

Le 5, le commandant passa une revue générale du bataillon. De nombreux cas de typhus se déclarèrent.

Le 6, notre commandant fut chargé du commandement de la place de Fontain. Les deux redoutes étaient armées et les tranchées-abris presque terminées. De nombreuses réquisitions ayant été faites, l'abondance commença à reparaître. Notre popote fut alors organisée aussi bien que le comportait la position.

Le soir de ce jour, plusieurs de nos amis des autres bataillons vinrent dîner avec nous. La nuit se passa gaiement.

Le 7, au moment de l'appel de quatre heures, la grange que le 30e nous avait enlevée s'écroula tout-à-coup. La toiture très-élevée et couverte en dalles de pierre fit en tombant de nombreuses victimes. Le sauvetage fut même difficile, mais nos soldats, oubliant leur rancune devant cet affreux malheur, allèrent au péril de leur vie porter secours aux malheureux enfouis sous les décombres.

Le 8, une nouvelle réunion eut lieu à la popote. Ce jour-là, commencèrent les grandes parties de baccarat qui devaient faire passer désormais si agréablement les longues soirées.

Le 9, eurent lieu des distributions de toutes sortes : habillements, chaussures, armes en mauvais état, tout fut changé.

Le 10, le général Rébillard, commandant alors notre division, adressa des félicitations au 29e pour sa bonne tenue et sa discipline.

Le 11, une neige épaisse tomba toute la journée. Le typhus fit beaucoup de victimes. Les compagnies, déjà si peu nombreuses, ne tardèrent pas à se réduire encore.

Le 12, nous pûmes, à force d'argent, décider un contrebandier à porter nos lettres en Suisse. Un service postal fut désormais organisé régulièrement de cette manière, et nous pûmes donner de nos nouvelles à nos familles et en recevoir.

Le soir, le général Choppin vint dîner à notre popote. Le festin, pour lequel notre célèbre cuisinier Sigogne réunit toutes ses ressources, fut trouvé excellent.

La table, faite avec des battants d'armoire posés sur une pile de sacs, le tout couvert de toiles de tentes, disparaissait sous les gamelles où fumaient le potage à la bisque, les écrevisses bordelaise, les gigots de chevreuil et autres mets que nous avions pu nous procurer à Besançon. Les vins étaient en rapport avec le menu. La partie de baccarat fut particulièrement animée ce soir-là.

Le 13, l'intendant de la 2e division vint nous passer en revue, et avant de partir félicita le commandant sur l'excellente tenue des hommes, qui, quoique couchant sur la paille, étaient d'une propreté irréprochable. Nous apprenions aussi ce jour-là la mort de nos pauvres camarades du Rouzay et de Brissac.

Le 14, nos mulets de bât furent atteints du farcin. Il fallut les fusiller le jour même.

Le 15, promenade militaire.

Le 16, grande revue du général Rébillard, qui, après nous avoir fait longtemps manœuvrer, félicita vivement nos chefs sur la belle tenue du régiment.

Le soir, les différents chefs de corps étant réunis chez le général, ce dernier dit en pleine table que le régiment sur lequel il compterait le plus au besoin et où la discipline était la plus stricte, était le 29e. Ces paroles, bientôt répétées au camp, causèrent le plus grand enthousiasme.

Le 17 et le 18 se passèrent en exercices et en travaux divers pour assainir nos cantonnements.

Le 19, le commandant passa une revue de détail du bataillon. Le général Choppin nous invita à venir le soir chez lui. Cette réunion fut très-animée et l'on ne se retira que fort avant dans la nuit. Il nous annonça que nous allions être compris dans l'armistice général.

Le 20, un orage violent ne nous permit pas de sortir des cantonnements.

Le lendemain, mardi-gras, un grand bal eut lieu à la popote.

Le 22, nous fîmes une promenade militaire. Au retour, l'on nous annonça que les hostilités allaient être probablement reprises.

Les 23, 24 et 25 se passèrent sans événements remarquables.

Le 26, au moment de l'appel, une estafette arriva, nous apportant l'ordre de nous tenir prêts à repousser une attaque de forces considérables le lendemain matin. A cette nouvelle chacun alla se préparer au combat.

Quoique réduits à moins de 400, nous étions décidés à ne pas nous rendre. Persuadés cependant d'être écrasés, nous voulûmes passer gaiement notre dernière nuit sans nous coucher.

A quatre heures, nous étions rangés dans les tranchées, les pièces des redoutes prêtes à faire feu.

A midi, un officier d'ordonnance vint nous dire que l'armistice était enfin signé pour nous.

A partir de ce moment la campagne était terminée et nos journées se passèrent comme en garnison.

A midi, l'appel ; à une heure, la manœuvre ou la promenade militaire ; le soir, le dîner entre amis et joyeuse partie de baccarat jusqu'à minuit. Après cela, chacun allait se coucher sur sa botte de paille.

Le 28, de bonnes nouvelles d'Anjou nous arrivèrent.

Le 9 mars, le 30e de marche fut désarmé et licencié.

Le 11, à l'appel du midi, l'on nous lut l'ordre du jour suivant.

ORDRE DE LA DIVISION.

« Si, depuis Coulmiers, le succès n'a plus suivi nos armes, vous n'en avez pas moins continué de donner l'exemple du courage, du dévouement et de la discipline. Dans la retraite sur Orléans, devant des forces considérables, vous vous êtes fait remarquer par l'énergie et le sang-froid dont vous avez fait preuve en défendant pied à pied, les 2, 3 et 4 décembre, Artenay, Chevilly et les hauteurs de Montjoie.

« Votre conduite dans l'Est vous fait le plus grand honneur. Par un froid de 18° vous avez bivouaqué dans la neige, souvent sans feu et quelquefois sans vivres, par suite de l'impossibilité où se trouvaient les convois d'arriver. Sur le mont Chevis, pendant que l'armée se dirigeait si fatalement sur Pontarlier, vous combattiez devant Bussy pour favoriser son mouvement. Depuis l'armistice, vous avez établi une nouvelle ligne de défense pour suppléer aux fortifications de la place devenues insuffisantes.

Officiers, sous-officiers et soldats, je me rappellerai avec bonheur et orgueil que, pendant cinq mois, j'ai eu l'honneur de marcher avec vous à l'ennemi. Dans les circonstances douloureuses où se trouve la France, efforcez-vous de maintenir l'ordre à l'intérieur et de sauvegarder la dignité nationale vis-à-vis de l'étranger qui doit occuper notre territoire, en attendant que nous puissions nous venger.

« Au quartier général de Beurre.

« *Le général de division,*
« RÉBILLARD. »

Le 14, fut montée la dernière grand'-

garde, à la ferme des Toutteaux, par la 2e compagnie.

Le 16, l'on nous annonça notre prochain départ. Une demande fut formulée par le général pour que nous pussions rentrer dans nos foyers avec armes et bagages. Les Prussiens refusèrent de nous laisser passer ainsi.

Le général Choppin nous adressa l'ordre suivant :

« Gardes mobiles,

« Après six mois d'une campagne laborieuse, votre courage a été à la hauteur de tous les sacrifices qui vous étaient imposés. Vous allez rentrer dans vos foyers justement fiers de vous. Vous y porterez la consolation que donne le sentiment d'un devoir justement accompli.

« La fortune a trahi vos efforts; vous avez sauvé l'honneur de votre patrie et un jour viendra, pas trop éloigné je l'espère, où il vous sera donné, à force d'énergie et de dévouement, de lui rendre toute sa grandeur passée. Soyez-en sûrs, rien ne saura arrêter longtemps les destinées providentielles de notre nation. Courage donc! Patience et patriotisme! »

Le 17, nous allâmes à Besançon prendre congé du général Rébillard, qui manifesta encore hautement la satisfaction que lui avait causée pendant la guerre la conduite du régiment.

Le 18, une grande nouvelle nous fut apportée de Besançon : le commandant venait d'être décoré.

Immédiatement tout le bataillon et bientôt tous les officiers du régiment vinrent féliciter notre brave commandant, qui avait si bien mérité cette récompense. Ce fut une joie universelle.

Le 19, à cette occasion, eut lieu un

grand dîner à la popote. Les clairons vinrent sonner une aubade, pendant que les soldats témoignaient par leurs hourras de leur satisfaction de se voir ainsi récompensés dans la personne de leur chef, auquel ils étaient si dévoués.

Immédiatement, la chanson suivante fut improvisée et chantée en chœur :

Amis, pour nous mettre en veine
Dans cet heureux moment,
Répétons à perdre haleine :
A notre Commandant !

Votre âme si bien trempée,
Votre savoir, votre cœur,
Et votre vaillante épée,
Sont vos titres de valeur.

Sur votre noble poitrine,
Cet insigne de l'honneur,
Ce ruban, on le devine,
Ce n'est pas de la faveur.

Je sens que le vin me trouble,
Mon cœur seul n'est point troublé,

Commandant, je vous vois double,
Et mon bonheur est doublé.

A vous, je veux dans l'ivresse,
Dire : *In vino veritas,*
Les hommes de votre espèce
Sont trop rares ici-bas.

Si de nommer l'on me presse
Celui qui fit ces couplets :
La franchise les adresse,
La vérité les a faits.

Refrain :

Nous vous aimons,
Nous vous estimons, } *bis.*
Nous vous l'assurons,
Nous vous aimons.

Le 20, le 3e bataillon rendit ses armes et se mit en route pour retourner à Angers.

Le 21, ce fut le tour du 1er bataillon. Ce jour-là, à l'appel de quatre heures, le commandant fit former le cercle, et alors, la voix couverte par les sanglots de tous, suffoqué lui-même par les larmes, il rappela les longs mois de souffrances, les combats, les actions de chacun, il rappela aussi nos pauvres camarades tombés au champ d'honneur et morts obscurément dans les ambulances. Pendant longtemps il nous fit entendre sa parole sympathique et entraînante. Puis il fit rompre les rangs. A ce moment, tous les soldats, mûs par la même pensée, l'enlevèrent dans leurs bras, et il put à grand'peine s'échapper pour fuir cette dernière démonstration d'attachement qui lui brisait le cœur. Ceux qui assistaient à cette scène touchante ne l'oublieront jamais.

Le lendemain matin, le bataillon se mit en route et n'arriva à Angers que le 14 avril, après avoir parcouru l'itinéraire suivant :

22	*mars.*	Vitreux.
23	—	Auxonne.
24	—	Dijon.
25-26	—	Sambernon (séjour).

27	*mars.*	Arnay-le-Duc.
28	—	Autun.
29	—	Château-Chinon.
30-31	—	Châtillon (séjour).
1er	*avril.*	Nevers.
2	—	Nérondes.
3-4	—	Bourges (séjour).
5	—	Vierzon.
6	—	Romorantin.
7-8	—	Blois (séjour).
9	—	Amboise.
10	—	Tours.
11	—	Château-la-Vallière.
12	—	La Flèche.
13	—	Seiches.
14	—	Angers.

Voici quels étaient les effectifs des compagnies au moment du licenciement :

Compagnies.	Soldats.	Officiers.
1re	77	1
2e	44	0
3e	69	2

Compagnies.	Soldats.	Officiers.
4e	64	0
5e	62	2
6e	50	2
7e	79	3

Total : 445 hommes.

Nous étions partis 1,204 soldats et 21 officiers.

Quant au régiment, il était réduit à 1,105 hommes, reste des 3,712 qui étaient présents au départ de Bourges.

FIN.

CARTE DE LA CAMPAGNE 1870-1871. — CAMPAGNE DE LA LOIRE ET DE L'EST.

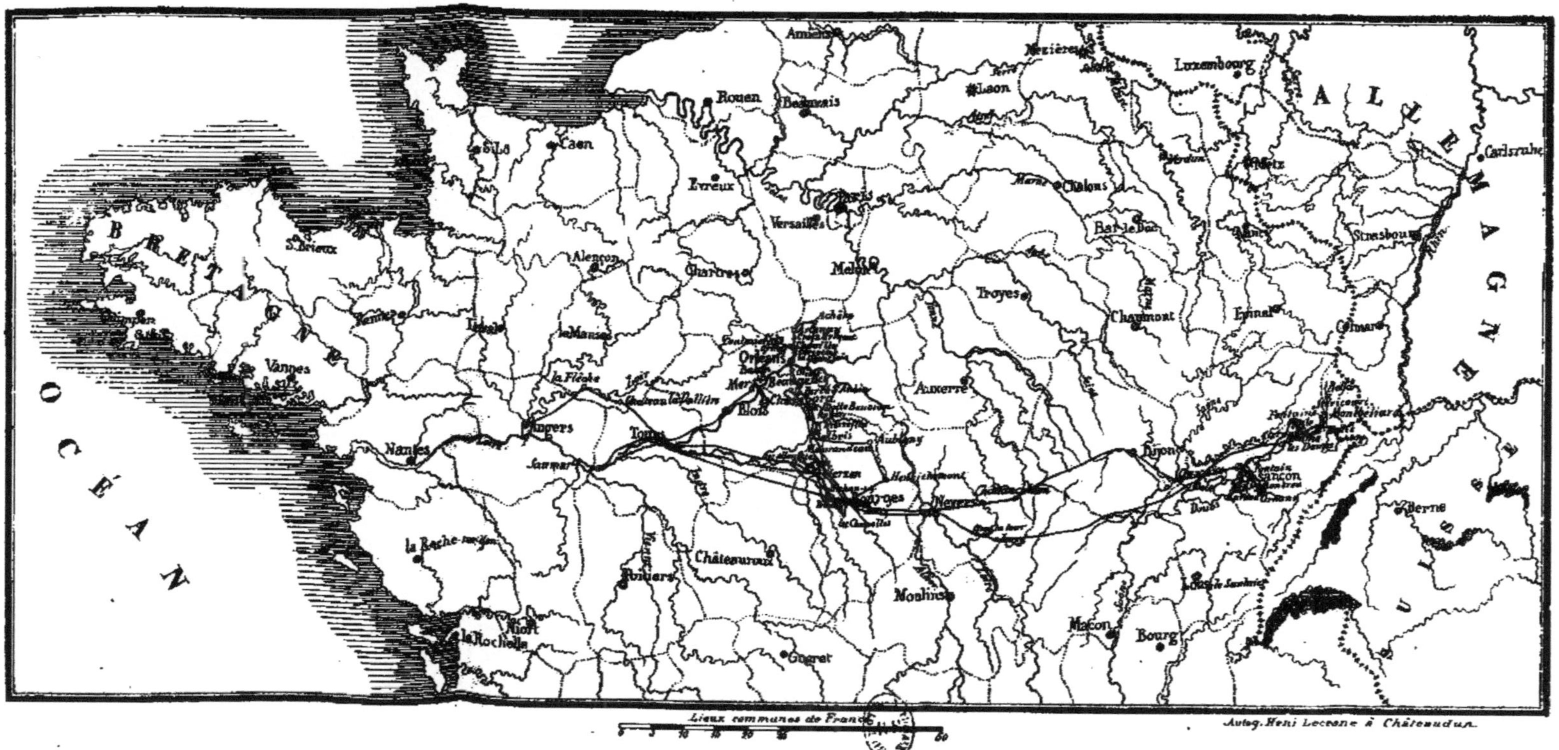

Lieux communs de France

Autog. Henri Lecesne à Châteaudun.

www.ingramcontent.com/pod-product-compliance
Ingram Content Group UK Ltd.
Pitfield, Milton Keynes, MK11 3LW, UK
UKHW020329250726
13967UKWH00004B/1939

9 782012 488649